いつもお世話になっております。ROCKFISHの間口でございます。
巷は何やらハイボールで盛り上がっています。ウイスキー復権の予感です。
このたび柴田書店より、「バーの主人がこっそり教える甘いつまみ」なるものを
世に出すことになりました。
お暇な時間に、ご覧くださいませ。目指せ！累計100万部！
VIVA！ハイボール！

TS

バーの主人がこっそり教える甘いつまみ

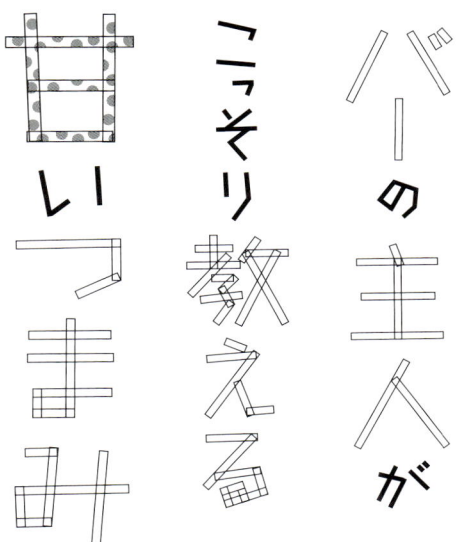

はじめに

「まぐちさん、今度は甘いつまみでいきましょう！」
とお話しを頂き、「うーん・・・」とひとしきり考えて、チョコだ！　焼き菓子だ！　スイーツだ！　と巷のお店に足を運び、いろいろ買って食べてメモをして、次は本屋さんに行ってお菓子のコーナーで本を探して読みふけり、続いて製菓食材屋さんでカートをころころ引きながら、びっくりするぐらい大人買いをして、自宅のキッチンの床は甘味食材で埋め尽くされ、あれこれ試作試食と明け暮れて、ちょっと個性派な「甘いつまみ」が出来上がりました。

昨今、お酒も好きな甘党の方も多いそうです。この「甘いつまみ」、お酒の締めのつまみにもよく合います。ハードリカーにも合います、もちろんハイボール、ワインにも、ぴったりです。おやつ感覚でつくってみてください。

つまみといっても、たくさんありまして、数日、数十時間コトコト煮込むものから、数分でつくれるものもあります。前回の「味なつまみ」と同様に今回の「甘いつまみ」も、数分から数十分でつくれる「即席」ものを選びました。

普段は酒場のカウンターの中にいます。『味なつまみ』を出した後、たくさん質問がカウンターのむこうから飛んできました。
「あれ、本当につくったの?」とか、「どこで食材買うの?」だったり。なかでもちょっと嬉しかったのは
「どうやって盛るの?」
そうなんです、そこなんです。ささっとつくるのは簡単なんですが、盛るとなると、結構こむずかしいし、面倒くさい。

一般的な話ではなく、まぐち的ですが、
（1）まずは深めの小鉢は使わない。小さくちょこんと盛ると可愛いのですが、実は奥が深くてかなり熟練を要します。勿論、腕前のある方はどしどし使ってください。
（2）平らなお皿を選ぶ。丸いもの、四角いもの、楕円のもの。大きさはお好きなもので大丈夫です。一枚のお皿に一品。

これ大事です。量が多くても少なくても。お皿の色や質、柄はお好みで問題ありません。
（3）相性のよい本のマネをする。本屋さんの料理コーナーに行くとたくさん料理本があります。ぜひ盛りつけ方の好きな本を一冊お求めください。そして同じように盛りつけてみてください。ここがキモです。テーブルの上の見栄えが違ってきますし、確実にセンスがアップします。

同じようにつくらなくてもいいのです。弱火といっても、人それぞれの弱火があります。オーブンだって、メーカーによって違います。醤油だって、甘いもの、しょっぱいものがあります。だから、なんとなく本と同じかな？　というぐらいにつくれたらＯＫです。
（4）一度に同じお皿を揃いで買わない。やはり、盛り方のベースになるお皿は、手元にたくさん種類があったほうが有効です。同じ盛り方でもお皿が変わると、雰囲気もがらりと変わることはご存知の通り。いろいろなお皿で試してみましょう。そのうち好みのお皿が見えてきますから、そのときは、ここぞとばかりに揃いで買いましょう。間違いなく宝物になりますから。

「味なつまみ」と「甘いつまみ」、楽しみ方はたくさんあっていいと思っています。可能な限りたくさんつくってみたり、枕元に置いて寝る前に少しだけ読んでみたり、自己流で別のつまみに変身させてみたり、「えー？ ありえなーい！」と眺めてみたり。本棚に置きっぱなしでも問題ありません。ときどきぱらぱらめくって風を通してください。それだけで、まぐちは幸せです。

今回も撮影の間に店を守ってくれた長谷川くん、またまた優しくご指導いただきましたカメラマンの天方サンとデザイナーの矢内サン、素敵なイラストを頂きましたタケウマサン、本当にありがとうございます。感謝しています。
私事ではありますが、おなかの周りにうっすら肉？ 脂？ が付いたような気がします。
それでは、バーの店主がこっそり教える甘いつまみをご賞味ください。

二〇一〇年四月

間口 一就

第一章　フルーツと野菜

第二章
ナッツとドライフルーツ

第三章
チーズと豆腐と冷製

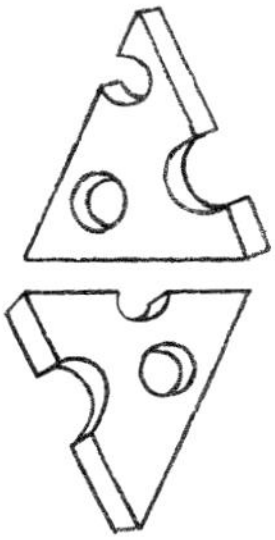

第四章 菓子いろいろ

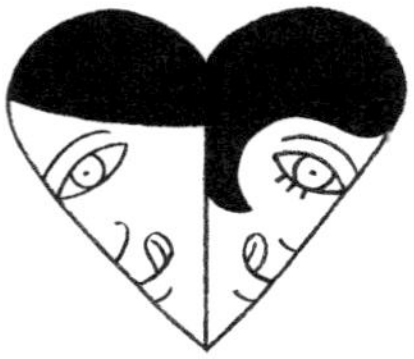

第五章 パンとめんとピザ

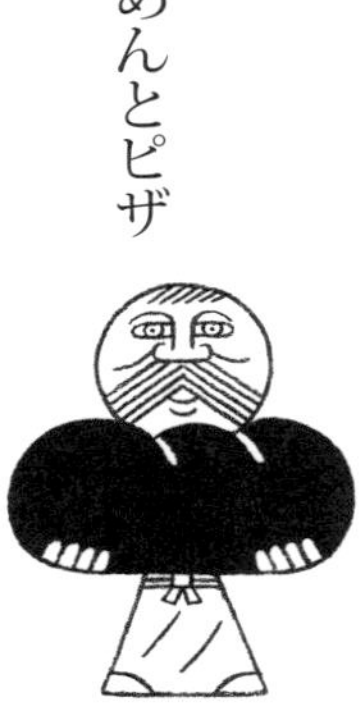

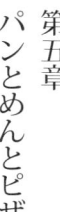

第六章
肉と魚介と卵

撮影／天方晴子
デザイン／矢内　里（日本デザインセンター）
イラスト／タケウマ
編集／佐藤順子

凡例

＊材料の分量は、原則として写真の一皿分とします。
＊小さじ1は5cc、大さじ1は15ccと同量です。
＊オーブンはガスオーブンを使用しています。容量や火力など、機種や熱源によって多少違いがありますので、必要ならば焼き時間など調整してください。
＊オリーブ油と表記したものは、すべてエクストラバージンオリーブ油を使用しています。
＊ブルーチーズの使い分けについて。
材料欄にロックフォール、スティルトンといったブルーチーズの種類を表記した場合は、味わいなどの点から、これらを使用しました。

たんにブルーチーズと表記したものは、デンマーク産のブルーチーズを使用しました。
＊材料に既製の菓子や惣菜などを使用した場合、その製品ごとに味の違いがありますので、味つけなど適宜調節してください。

♣第一章

フルーツと野菜

お酒のお供に、ビタミンたっぷりの
フレッシュなフルーツと野菜をどうぞ。

パイナップルとたっぷりガラムマサラ

南国のお酒、ラムにぴったりです。熟したパイナップルを選びましょう。

♣材料と分量

カットパイン——100g
ガラムマサラ——適量

♣つくり方

1 パインを一口大に切って、盛りつけます。
2 上からガラムマサラをたっぷりかけます。

キウイのポテトサラダ

いつものポテトサラダが変身。ちょこんと、盛りつけてください。お惣菜屋さんのポテトサラダで試してみてもいいでしょう。

♣材料と分量

ジャガイモ——60g
キウイ（完熟）——1/4個
塩——少量

♣つくり方

1 ジャガイモを水からゆでます。
2 やわらかくなったら、皮をむいて粗くつぶし、塩を加えて混ぜます。
3 キウイは皮をむいて、手でつぶします。
4 ジャガイモとさっくりと混ぜます。

アボカドとブルーチーズのサラダ

アボカドって不思議ですよね。フルーツ？　野菜？
ブルーチーズの代わりに、すりおろしたわさびもいいですよ。

♣材料と分量

アボカド――½個
ロックフォールチーズ――8g

♣つくり方

1 アボカドは種をはずし、皮をむいて手でつぶします。
2 ロックフォールチーズを薄切りにしてちぎり、アボカドと混ぜます。

焼きアボカドといちじくジャム

焼きたてのアボカドに、ジャムを詰めたらできあがり。あつあつのうちに、スプーンですくって。
アボカドが豆腐のような味わいになるんです。

♣材料と分量

アボカド――½個
イチジクジャム――大さじ2
オリーブ油――適量

♣つくり方

1 アボカドを6対4に切って、種をくり抜きます。深さがあるほうのアボカドを使います。
2 オリーブ油を断面にぬります。180℃に熱したオーブンで7分加熱します。
3 オーブンから取り出して、種のくぼみにイチジクジャムを詰めます。
4 スプーンでアボカドをすくいながら、ジャムと一緒に食べてください。

バナナ金山寺みそ

野菜感覚でバナナを使ってみました。
青いバナナをみつけたときは、ぜひ。

♣材料と分量

バナナ――3cm×1切れ
金山寺みそ――10g

♣つくり方

1 バナナを長さ3cmに切って、切り口を上に向けて盛りつけます。
2 上に金山寺みそをのせます。

バナナわさび漬け和え

小さめの器に盛ってください。
わさび漬けは、つんと鼻にくる辛みの効いたものを選んでください。

♣材料と分量

バナナ――5mm×3切れ
わさび漬け――少量

♣つくり方

1 バナナを厚さ5mmの輪切りにします。
2 わさび漬けでバナナを和えます。
3 15分くらいおいて、なじんだら食べてください。

バナナ白みそ

バナナのねっとりした甘さと、白みその甘さがよく合います。

挽きたての黒コショウをアクセントに。

♣材料と分量

バナナ――3㎝×2切れ
白みそ――10g
黒コショウ――適量

♣つくり方

1 バナナを長さ3㎝に切って、さらに縦に半分に切ります。
2 切り口に白みそをぬります。
3 上から挽きたての黒コショウをふります。

モンキーバナナキムチ

小ちゃくて、味が凝縮しているモンキーバナナ。

ヤンニョンによく合います。

♣材料と分量

モンキーバナナ――1本
*ヤンニョン――10g
きび砂糖――小さじ1

*「薬念」と書く。

韓国の調味料や薬味の総称。

ここで使ったヤンニョンは、正確にはヤンニョンコチュ。ニンニク、粉唐辛子、味醂、醤油などを練り混ぜ合わせてつくる調味料。市販品を使用。

♣つくり方

1 ヤンニョンときび砂糖を混ぜ合わせます。
2 モンキーバナナの皮をむいて、まわりに**1**をぬり、30分おいてなじませます。
3 食べやすく切り分けて盛りつけます。

塩もみ柿

表面がとろんとしてきたら、食べ頃のサイン。

♣材料と分量

富有柿（種なし）——3切れ
塩——少量

♣つくり方

1 富有柿は皮をむいて、食べやすい大きさのくし形に切ります。
2 ボウルに入れて、塩でもみます。
3 30分ほどおき、水分が出てきたら盛りつけます。

柿ブルーチーズもみ

お好みのブルーチーズを使ってみてください。世界の3大ブルーチーズは、ロックフォール、スティルトン、ゴルゴンゾーラ。

♣材料と分量

富有柿（種なし）——3切れ
ブルーチーズ——5g

♣つくり方

1 ブルーチーズを小さくつぶします。
2 富有柿は皮をむいて、食べやすい大きさのくし形に切ります。
3 柿をブルーチーズで和えます。すぐに食べられます。

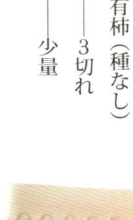

ラ・フランスオーブン焼き

イメージはリンゴのオーブン焼き。
発酵バターを使っています。
あつあつもよし、冷めてもまたよしです。

♣材料と分量

ラ・フランス――½個
ブルーチーズ――10g
発酵バター――10g

♣つくり方

1 ラ・フランスを半分に切り、種を丸くくり抜きます。
2 ここにブルーチーズと発酵バターをのせます。
3 180℃に熱したオーブンで15分焼きます。

スモークサーモンと洋なしのサンド

このサンド、結構うけがいいのです。
お友達を招いたときにいかがですか？
話もお酒もすすみますよ。

♣材料と分量

ラ・フランス——¼個
スモークサーモン——1枚

♣つくり方

1 ラ・フランスを4等分のくし形に切って、種を取り、皮つきのまま薄く切ります。

2 スモークサーモンをラ・フランスの大きさにそろえて切って、間にはさみます。

ラ・フランスと甘酢らっきょう

らっきょう漬けの甘酢が、
ラ・フランスの変色を防いでくれることを発見。
らっきょうは気持ち厚めに切ってください。

♣材料と分量

ラ・フランス――1/4個
らっきょう甘酢漬け――2玉（大きければ1玉）

♣つくり方

1 ラ・フランスは、薄いくし形に切って皮をむき、種を取ります。
2 らっきょう甘酢漬けは輪切りにします。
3 ラ・フランスとらっきょう甘酢漬けをざっくりと混ぜて、10分おいたのち、盛り合わせます。

洋なし酢みそ

洋ナシに酢みそ？
不思議な組み合わせにみえますね。
フレンチマスタードで
酢みそをつくりました。

♣材料と分量

ラ・フランス――1/4個
酢みそ
白みそ――5g
フレンチマスタード――1g

♣つくり方

1 まず酢みそをつくります。
白みそとフレンチマスタードを合わせてよく混ぜます。
2 ラ・フランスを4等分のくし形に切り、皮をむいて、種を取ります。
3 食べやすくスライスして盛りつけます。
酢みそを添えてください。

ラ・フランスとチャンジャ

ナシとキムチの相性のよさは周知の通り。
ここではタラの内臓の塩辛、チャンジャを
合わせてみました。

♣材料と分量

ラ・フランス――¼個
チャンジャ――15g
松の実――2g

♣つくり方

1 ラ・フランスは、4等分のくし形に切って皮をむき、種を取って、いちょう切りにします。
2 チャンジャを混ぜたら、味がなじむまで10分ほどおいてください。
3 盛りつけて、松の実を散らします。

キムチとドライブルーベリー

なぜだかキムチは、
パイナップルのような南のフルーツよりも、
ブルーベリーやサクランボのように、
北で採れるフルーツに合う気がします。

♣材料と分量

白菜キムチ――30g
ドライワイルドブルーベリー――10g

♣つくり方

1 白菜キムチは適当な大きさに切ります。
2 ドライワイルドブルーベリーを混ぜて、器に盛りつけます。

べったら白みつ

こりこりぱりぱり、噛むといい音がするので、
こっそりつまみ食いはできません。

♣材料と分量

べったら漬け（薄切り）——5枚
桜花塩漬け——3個
白みつ——小さじ1

♣つくり方

1 べったら漬けを薄切りにします。
2 皿に並べて、白みつをかけます。
3 上に桜花塩漬けを飾ります。

白菜甘酒

甘酒を買ったときは、
ぱぱぱっと一品つくりましょう。
白菜漬けの塩気が、
甘酒とくこの実でやわらぎます。

♣材料と分量

白菜塩漬け（昆布入り）——20g
甘酒（市販）——5g
くこの実——3g

♣つくり方

1 すべての材料をよく混ぜます。
2 30分ほどおいて、
くこの実がやわらかくもどり、
味がなじんだらできあがりです。

レーズン焼きバルサミコ

ブドウをフライパンで焼きました。小さな種が入っていますが、それは食感のアクセント。気にせず召し上がってください。

♣材料と分量

ブドウ（スチューベン種）——100g
塩——少量
ベーコン——5㎜厚さ×5切れ
オリーブ油——小さじ2
バルサミコ酢——小さじ1

♣つくり方

1 フライパンにオリーブ油を熱し、ベーコンと塩をふったブドウを焼きます。ベーコンはこがさないように気長に弱火で焼いてください。
2 ベーコンとブドウを盛り合わせます。
3 フライパンに残ったベーコンの脂に、バルサミコ酢を加え、軽く煮詰めます。
4 ブドウに**3**のバルサミコ酢をかけます。

カクテキとブドウのオーブン焼き

モッツァレッラチーズが熱いうちに。
ブドウは多めに入れてもいいのです。

♣材料と分量

*カクテキ――40g
ブドウ（スチューベン種）――15粒
モッツァレッラチーズ――40g

*角切り大根のキムチ漬け。

♣つくり方

1 カクテキを小さく刻みます。
2 耐熱皿にカクテキ、ブドウを入れて、上からモッツァレッラチーズを散らします。
3 180℃に熱したオーブンで20分焼きます。

トマトのキムチ炒め ラムレーズン風味

味の決め手は、ラムレーズンのアイスクリーム。
えーっ!? とお思いでしょう。
はまりますよ、きっと。

♣材料と分量

ミニトマト――10個
白菜キムチ――100g
オリーブ油――大さじ1
ラムレーズンアイスクリーム――30g

♣つくり方

1 フライパンにオリーブ油を熱し、ミニトマトを弱火で炒めます。
2 少しトマトに火が入ったら、きざんだ白菜キムチを入れて火を強め、さっと炒めます。
3 ラムレーズンアイスクリームを大さじ1ほど加えて溶かし、味をまろやかにします。
4 盛りつけて、上に冷たいラムレーズンアイスクリームをのせます。

大学芋とマーマレードとモッツァレッラ

中国・大連に行ったとき、あつあつの大学芋に、オレンジジュースをかけて売っているのをみかけました。びっくりしたけど、美味でした。

♣材料と分量

大学芋（市販）——１２０g
マーマレード——30g
ベーコン（スライス）——3枚
モッツァレッラチーズ——40g

♣つくり方

1 耐熱皿に大学芋を詰め、間にマーマレードをたらします。
2 ちぎったベーコンとモッツァレッラチーズを詰め、１８０℃に熱したオーブンで20分焼きます。

焼き芋ローズマリー

焼けたローズマリーを
ぱきぱきつぶして、
お芋さんと一緒にどうぞ。

♣材料と分量
焼き芋——1本
ローズマリー——1枝
オリーブ油——適量

♣つくり方
1 焼き芋とローズマリーを一緒にアルミホイルでくるみます。
2 180℃に熱したオーブンで10分ほど焼きます。
3 芋がなかまで熱くなったら、輪切りにして盛りつけます。オリーブ油をかけて、ローズマリーの葉をくずし、一緒に食べてください。

あんこポテトとブルーチーズ

ブルーチーズの塩気は必須。
レンジやオーブンで温めてもおいしいです。
発酵バターがなければ、
普通の有塩バターでも大丈夫。

♣材料と分量

さつま芋（蒸し）——40g
粒あん——25g
ブルーチーズ——15g
発酵バター（有塩）——5g

♣つくり方

1 さつま芋を蒸し器か電子レンジで蒸します。皮をむいてつぶします。
2 さつま芋、粒あん、細かく切ったブルーチーズ10gを混ぜます。
3 セルクルに詰めて、丸く抜き、皿に盛ります。
4 セルクルをはずし、温めて半分溶かした発酵バターをかけ、薄く削ったブルーチーズをのせます。

♠第二章

ナッツとドライフルーツ

あると便利！
保存のきくナッツとドライフルーツを使います。

つぶしバナナとミックスナッツ

粗めにつぶしたバナナを、
ねっとり、ミックスナッツと和えました。
白みそでつなぐとコクが出ます。

♠材料と分量

ミックスナッツ――10g
バナナ――2㎝
白みそ――小さじ1

♠つくり方

1 バナナをフォークの背で粗めにつぶします。
2 白みそを混ぜます。
3 ミックスナッツを入れてからめます。

メープル粒マスタードとカシューナッツ

最近流行りの無塩ではなく、しっかり塩味のついたカシューナッツを選びました。

♠材料と分量

カシューナッツ――20g
粒マスタード――10g
メープルシロップ――小さじ1

♠つくり方

1 カシューナッツと粒マスタードを混ぜます。
2 メープルシロップをさっとからめて盛りつけます。

ミックスナッツとジャム

これまた簡単！
ジャムはお好みのもので。
マーマレードもアンズジャムもカシスジャムもよく合います。

♠材料と分量

ミックスナッツ――20g
イチゴジャム――20g
黒コショウ――少量

♠つくり方

1 ミックスナッツをイチゴジャムで和えます。
2 器に盛って、上から挽きたての黒コショウをふります。

かすもみプルーン

いつも使っている、3年熟成のウリの奈良漬けの漬床を再利用。少量で間に合います。

♠材料と分量

ドライプルーン（種なし、コーティングなし）——3個
奈良漬けの漬床——大さじ1

♠つくり方

1 ドライプルーンに、奈良漬けの漬床をまぶします。

種なしプルーンと金山寺みそ

旨煮のしいたけにみえますが、実はプルーン。つぶつぶの金山寺みそに、よく合います。

♠材料と分量

ドライプルーン（種なし、コーティングなし）——3個
金山寺みそ——10g

♠つくり方

1 ドライプルーンを盛り、上に金山寺みそを添えます。みそは味が強いので、少しずつ食べてください。

プルーンとおかか

きれいに盛るには、
ひとつずつプルーンに
おかかをまぶしましょう。
プルーンの代わりに
干アンズでも可です。

♠材料と分量

ドライプルーン
（種なし、コーティングなし）――3個
チキンレバーペースト――5g
削り節――適量
万能ネギ――3g

♠つくり方

1 ドライプルーンにチキンレバーペーストを混ぜます。
2 削り節をまぶして盛りつけます。
3 上から小口切りにした万能ネギを散らします。

干柿とスモークサーモン

ピカイチ！
ねっとりとした干柿と、
ちょっと厚めのスモークサーモンを、
包丁で「なめろう」みたいに
叩いてみました。

♠材料と分量

スモークサーモン
（スライス）――10g
あんぽ柿――10g
松の実――5g

♠つくり方

1 スモークサーモンを細かくきざみます。
2 あんぽ柿も同じように細かくきざみます。
3 合わせて包丁でねっとりとなるまで叩きます。
4 松の実を混ぜて盛りつけます。

フィグ焼き

干イチジクは、
やわらかくて大ぶりの
トルコ産を指定。
おしりのくぼんだところに、
チーズを詰めて焼きましょう。

♠材料と分量

干イチジク
（トルコ産）――3個
ロックフォールチーズ――15g
マスカルポーネチーズ――15g

♠つくり方

1 干イチジクのくぼみの上に
マスカルポーネチーズをぬって、
薄く切ったロックフォールチーズを
のせます。

2 180℃に熱したオーブンで
8分焼いたらできあがりです。

ゆでドライアンズとクリームチーズのビスケット

なぜアンズを塩ゆでするの？
干したアンズの甘さを抑えるためです。
甘すぎないことが、ポイントです。

なつめチーズと金平糖

中国・大連の市場で山のように売っていました。
現地の女性がたくさん買っていたっけ。
身体にとってもよいそうです。

豆腐ようとドライブルーベリー

豆腐ようの濃厚な味と、ブルーベリーの
甘酸っぱさが、ぴったり。
粒の小さいワイルドブルーベリーを
使っています。

ゆでドライアンズとクリームチーズのビスケット

♠材料と分量

干アンズ――2個
水――150cc
塩――小さじ1
マスカルポーネチーズ――10g
クッキー――2枚
黒コショウ――適量

♠つくり方

1 塩を入れた水に干アンズを入れ、火にかけて10分煮ます。ザルにとって水気をきっておきましょう。

2 クッキーにマスカルポーネチーズをぬり、煮もどしたアンズをのせ、挽きたての黒コショウをふります。

なつめチーズと金平糖

♠材料と分量

干ナツメ――3個
マスカルポーネチーズ――20g
金平糖――12～15粒

♠つくり方

1 干ナツメを半分に切って、種を抜きます。

2 切った面にマスカルポーネチーズをぬり、金平糖をはさみます。

豆腐ようとドライブルーベリー

♠材料と分量

豆腐よう（白）――10g
ドライワイルドブルーベリー――5g

♠つくり方

1 豆腐ようは1㎝角に切ります。

2 器に盛り、ドライワイルドブルーベリーを添えます。

◆第三章

チーズと豆腐と冷製

つまみの定番、チーズと豆腐が甘〜いつまみに。
アイスクリームも登場します。

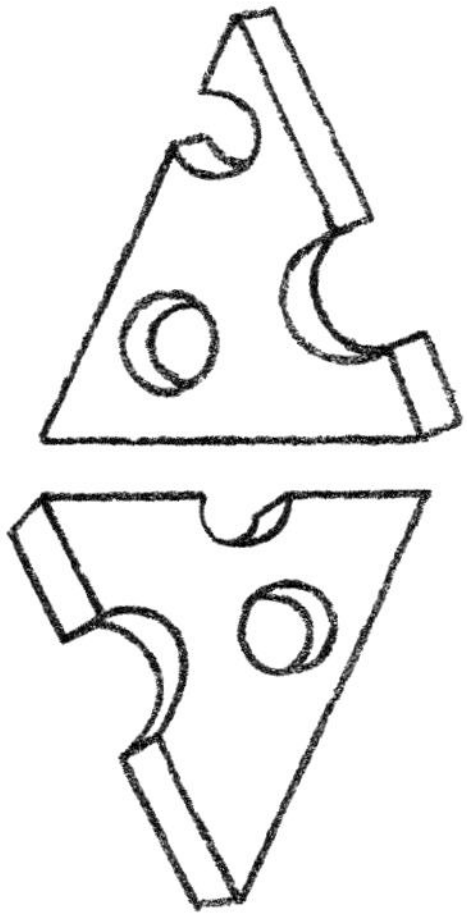

ようかんとパルミジャーノ

チェッカーフラッグのように、
ようかんとチーズを並べてみました。
別名、市松模様。

クリームチーズ腐乳漬け

残った豆腐ようの漬汁。
捨ててしまうのは惜しくて、
クリームチーズに合わせてみました。

うぐいす豆と
クリームチーズ

クリームチーズの白色と、
ウグイス豆の抹茶色の取り合わせが、
上品な和菓子のようです。
一緒に少しずつ食べてください。

ねりねりポートとスティルトン

エリザベス女王の好物で知られる、
ポート酒とスティルトン。
ここではポートを練りこんだマスカルポーネを、
スティルトンに合わせてみました。

ちびチーズと塩辛と黒みつ

小さく切って塩辛と合わせました。
が、ここまでは普通。
黒みつを使って、コクを出しました。

栗きんとんとチーズ

おや？　これだけ？　と思わないで。
これだけで十分なんですよ。
黒コショウはお好みで。

ようかんとパルミジャーノ

◆材料と分量

塩ようかん——1cm厚さ×2切れ
パルミジャーノチーズ——1cm厚さ×2切れ

◆つくり方

1 塩ようかんを、厚さ1cmに切り、さらに3等分に切ります。
2 パルミジャーノチーズも同様に、厚さ1cmに切り、3等分に切ります。
3 市松模様のように塩ようかんとパルミジャーノチーズを交互に並べます。
4 ようかんとチーズを一緒に食べてください。

クリームチーズ腐乳漬け

◆材料と分量

クリームチーズ——10g
豆腐よう（紅）の漬汁——小さじ1
ハチミツ——小さじ1

◆つくり方

1 小皿にハチミツを流します。
2 クリームチーズを1cm角に切ります。
3 クリームチーズを豆腐ようの漬汁にくぐらせて、ハチミツの上に盛ります。

うぐいす豆とクリームチーズ

◆材料と分量

クリームチーズ——50g
ウグイス豆（煮豆）——13粒くらい
白みそ——5g

◆つくり方

1 クリームチーズを四角に切り、上に白みそをぬり広げます。
2 ウグイス豆をのせます。

発酵バターとクリームチーズと黒みつ

さいころに切って、お皿に盛って、黒みつかけて、
はい、終わり!
でも、おいしすぎてちょっとキケン。

マラスキーノチェリーときな粉ロックフォールと

ころころ転がしながら、
きな粉をまんべんなくつけました。
黒みつをたらすのもよいアイデアです。

金平糖とカマンベールのタルト

ロックフォールの塩気で、
タルトをまとめてみました。
金平糖は小粒なものを使いました。

チェリーとミモレットのタルト

◆材料と分量

ミモレットチーズ（*ジュンヌ）――15g
ベーコン（スライス）――5㎝長さ×1切れ
マラスキーノチェリー――1個
タルトカップ（直径4・5㎝）――1個

*熟成期間が比較的短いものの呼び名。

◆つくり方

1　ミモレットチーズを粗くきざみます。
2　タルトカップにベーコンを敷いて、ミモレットチーズを詰めます。
3　中央にマラスキーノチェリーをのせます。
4　180℃に熱したオーブンで10分焼きます。

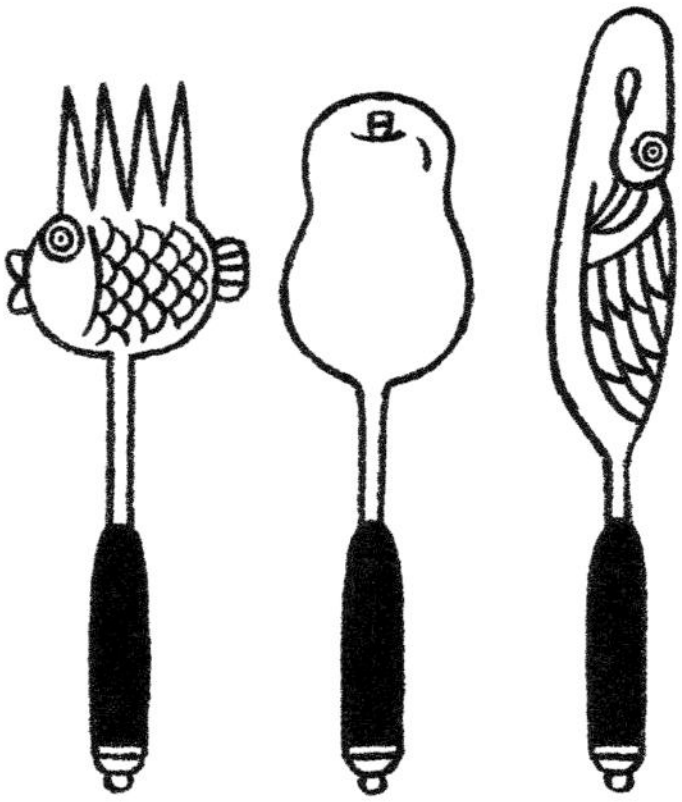

発酵バターとクリームチーズと黒みつ

◆材料と分量

発酵バター（有塩）――15g

クリームチーズ――15g

黒みつ――小さじ1

◆つくり方

1 発酵バターとクリームチーズを1cm角に切って、器に盛りつけます。

2 上から黒みつをかけます。

マラスキーノチェリーとロックフォールときな粉

◆材料と分量

ロックフォールチーズ――20g

マラスキーノチェリー――5粒

きな粉――適量

◆つくり方

1 密封容器にきな粉を入れます。

2 切り分けたロックフォールチーズを入れて、蓋をしてふり、きな粉をまぶします。

3 マラスキーノチェリーも同様にして、きなこをまぶします。

4 器に盛り合わせます。

金平糖とカマンベールのタルト

◆材料と分量

カマンベールチーズ――30g

ロックフォールチーズ――10g

金平糖――大さじ1

タルトカップ（直径6・5cm）――1個

◆つくり方

1 タルトカップにロックフォールチーズを入れて、上にカマンベールチーズを詰めます。

2 表面を平らにして、180℃のオーブンで10分焼きます。

3 上にいろどりよく金平糖を盛りつけます。

金柑とカマンベールのグラタン

スプーンでキンカンと一緒にすくいながらどうぞ。
あつあつのカマンベールが溶け出してきます。

ブリーとミックスフルーツ

ブリーチーズだけではなくて、
カマンベールなどの白かびタイプのチーズでもいけます。

白みそティラミス

まぐち式ティラミスです。
白みそでコクが、ぐっと上がります。
みそとチョコも相性よいこと、知ってました？

アイスキムチ最中

好物のアイス最中。
思いきって、
ラムレーズン味のアイスクリームと、
白菜キムチを、ひとつにしました。

金柑とカマンベールのグラタン

◆材料と分量

カマンベールチーズ（直径8㎝）――1個
キンカン――2個
ハチミツ――大さじ1
黒コショウ――適量

◆つくり方

1 ココット鍋にカマンベールチーズを丸ごと入れます。
2 種を抜いて薄い輪切りにしたキンカンを上に並べます。
3 ハチミツをかけて、180℃に熱したオーブンで20分焼きます。
4 挽きたての黒コショウをふってください。

ブリーとミックスフルーツ

◆材料と分量

ブリーチーズ（薄切り）――1枚
白みそ――10g
*ドライフルーツミックス――20g
黒コショウ――適量

*グリーンレーズン、レーズン、パパイヤ、パイン、クランベリーなどのミックス。

◆つくり方

1 ブリーチーズを切り分けます。
2 切り口に白みそをぬります。
3 ドライフルーツミックスを散らして、挽きたての黒コショウをたっぷりふります。

白みそティラミス

◆材料と分量

白みそ――8g
マスカルポーネチーズ――8g
ココアパウダー（無糖）――少量
最中の皮（直径6・5㎝）――1枚

◆つくり方

1 白みそとマスカルポーネチーズをよく混ぜます。

2 **1**を最中の皮に詰めて、上からココアパウダーを茶こしでまんべんなくふります。

アイスキムチ最中

◆材料と分量

白菜キムチ――40g
ラムレーズンアイスクリーム――40g
最中の皮（直径9㎝）――2枚

◆つくり方

1 1枚の最中の皮に、汁気をきってきざんだ白菜キムチをのせます。

2 もう1枚の最中の皮に、ラムレーズンアイスクリームをディッシャーですくってのせます。

3 アイスクリームがやわらかくなってきたら、2枚を合わせて、白菜キムチとアイスクリームをはさんで食べます。

杏仁豆腐

ゼラチンで固めるのは面倒ですか？
それなら絹ごし豆腐でつくりましょう。
これなら簡単。

焼きココナッツのクリームチーズ風やっこ

タイ風の甘いやっこです。
「現地にあるのですか?」残念ながらございません。
まぐち的創作です。あしからず。

杏仁豆腐

◆材料と分量

絹ごし豆腐——30g
アーモンド——3粒
くこの実——3粒
白みつ——小さじ1

◆つくり方

1 絹ごし豆腐をスプーンでくり抜いて器に盛ります。
2 アーモンドを粗くくだいて散らし、くこの実を飾ります。
3 白みつをまわりに流します。

焼きココナッツのクリームチーズ風やっこ

◆材料と分量

絹ごし豆腐——50g
白みつ——小さじ1
*ナンプラー——小さじ2
**ココナッツロング——2g

*タイ国産の魚醤油。
**ココナッツをひも状の細切りに加工した製品。

◆つくり方

1 ココナッツロングを天板に広げて、180℃のオーブンで2分半焼きます。うっすらと焼き色がついたら取り出します。
2 絹ごし豆腐をやっこに切って器に盛ります。
3 白みつとナンプラーを順に豆腐にかけます。
4 焼きココナッツをたっぷりのせてできあがり。

♥ 第四章

菓子いろいろ

和菓子、洋菓子、スナック菓子・・・
誰もが大好きなお菓子が、驚くようなつまみに変身。

ラー油ビスケット

ラー油の弱点は、
おきっぱなしによる酸化です。
こまめにいろんなものにかけてみましょう。

グラハムクッキーと納豆とクランベリー

製菓用のグラハムクッキーを使いました。
かりっとした食感でも楽しめますし、
時間をおいてしっとりした食感もいいものです。

アップルパイと福神漬け

不思議に思われるかもしれませんが、
リンゴの甘酸っぱさと福神漬けの酸味は
よい相性なのです。

発酵バターサンド

バターが常温になったら食べ頃です。
ロータス社のビスケットと、
エシレバターの夢のコラボです。

ラー油ビスケット

♥材料と分量

グラハムクッキー――3枚
ごまラー油――少量

♥つくり方

1 グラハムクッキーを並べて、上からごまラー油をたらします。

グラハムクッキーと納豆とクランベリー

♥材料と分量

グラハムクッキー――少量
納豆（小粒）――少量
ドライクランベリー――少量

♥つくり方

1 グラハムクッキーは細かくくだきます。
2 ドライクランベリーは細かくきざみます。
3 グラハムクッキー、納豆、ドライクランベリーをそれぞれ同量ずつ用意して、混ぜます。
4 器に少量盛って、少しずつ食べてください。

アップルパイと福神漬け

♥材料と分量

アップルパイ（市販）――1切れ
福神漬け（醤油漬け）――20g

♥つくり方

1 アップルパイを冷しておきます。適当な大きさに切り分けます。
2 福神漬けをパイに盛り合わせます。

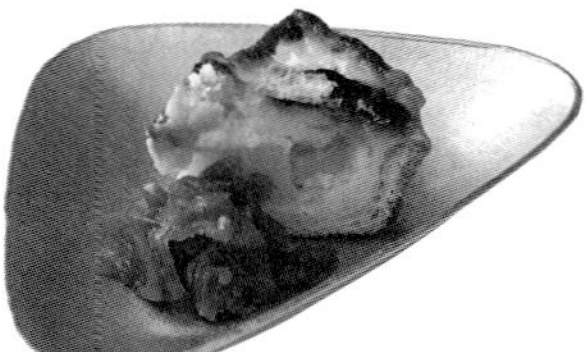

発酵バターサンド

♥材料と分量

カラメルビスケット――4枚
発酵バター（有塩）――3㎜厚さ×2切れ

♥つくり方

1 発酵バターを3㎜ほどの厚さにスライスします。
2 カラメルビスケットではさみます。
3 しばらくおいて、なじませて食べてください。

ジェリービーンズの白みそ和え

カラフルなアメリカの味を、
日本のみそでつないでみました。
一皿でたくさんの味を楽しんでください。

すあまの生ハム巻き　甘酒かけ

和菓子屋で、必ず目が合うのが「すあま」です。
目が合うと必ず買ってしまいます。
花より「すあま」。

マシュマロと福神漬け

白くみえるのは、マシュマロの薄切り。
コーヒー味のマシュマロでも
お試しください。

マシュマロキムチ

マシュマロを箸で持ち上げると、
ぷるんぷるんします。
ちょっと不思議な食感です。

酒粕クッキーのザワークラウト

ちょっと焼きすぎたかなぁ、で、ちょうどよいです。
香ばしく焼きあげて、カナッペ感覚で。

ジェリービーンズの白みそ和え

♥材料と分量

ジェリービーンズ――20g
白みそ――20g

♥つくり方

1 ジェリービーンズと白みそを混ぜます。
2 いろどりよく器に盛ってください。

マシュマロと福神漬け

♥材料と分量

マシュマロ（プレーン）――1個
福神漬け（醤油漬け）――20g

♥つくり方

1 マシュマロを4等分の厚さに切ります。
2 福神漬けとマシュマロを混ぜて、軽くもみます。すぐに食べられます。

すあまの生ハム巻き　甘酒かけ

♥材料と分量

すあま――30g
生ハム（プロシュート）――3切れ
甘酒（市販）――30g

♥つくり方

1 すあまを薄切りにします。
2 まわりに生ハムを巻きます。
3 器に盛り、甘酒をかけます。

酒粕クッキーのザワークラウト

♥材料と分量

酒粕（板）——10g
クッキー——2枚
ザワークラウト——10g

♥つくり方

1 クッキーの上に、ちぎった酒粕をのせます。
2 180℃に熱したオーブンで5分焼いてこげめをつけます。
3 ザワークラウトの汁気をしっかりしぼって、上にのせます。

マシュマロキムチ

♥材料と分量

マシュマロ（プレーン）——1個
白菜キムチ——20g

♥つくり方

1 マシュマロを4等分の厚さに切ります。
2 白菜キムチを食べやすい大きさに切り、マシュマロとさっくり混ぜ合わせてください。
3 1時間ほどおいて盛りつけます。

れんこんチップとはちみつXO醤

XO醤にハチミツで甘みをつけたら、ジャムのように、ねっとりしました。

れんこんチップともどしアーモンド

アーモンドを氷砂糖と水で煮て、ソースのようにかけてみました。氷砂糖は、粒を残してくださいね。

エビチリ（第二弾）

おなじみエビチリの第二弾。
今回はエビせんべいを使いました。
ピンク色のを選びましょう。

えびせんジャムサンド

2枚で一口。お手頃サイズ。
即興でつくりました。

ポテトジャム

一度手をつけると、
なかなかやめられない、このポテチ。
コンソメ味か、のり塩味がグッドです。

れんこんチップとはちみつＸＯ醤

♥材料と分量

辛子レンコンチップス――10g
ＸＯ醤――40g
ハチミツ――少量

♥つくり方

1 ＸＯ醤とハチミツを混ぜます。
2 辛子レンコンチップスにからめます。

れんこんチップともどしアーモンド

♥材料と分量

辛子レンコンチップス――10g
アーモンド（ロースト）――10g
氷砂糖――15g
水――40cc

♥つくり方

1 アーモンドと氷砂糖を鍋に入れ、水を注いで火にかけます。
2 沸いたらこがさないように火加減に注意して煮詰めてください。
3 氷砂糖が半分ほど溶けたら、火をとめます。
4 器に辛子レンコンチップスを盛り、熱い**3**をかけます。

エビチリ（第二弾）

♥材料と分量

エビせんべい（ピンク小丸）――15g
スイートチリソース――小さじ1

♥つくり方

1 エビせんべいを器に盛ります。
2 上からスイートチリソースをかけて、からめて食べます。

えびせんジャムサンド

♥材料と分量

エビせんべい――6枚
イチゴジャム――20g

♥つくり方

1 器にエビせんべいをのせて、その上にイチゴジャムをのせます。
2 上にエビせんべいをのせます。こうして交互に重ねて盛りつけます。

ポテトジャム

♥材料と分量

ポテトチップス――10g
イチゴジャム――40g

♥つくり方

1 ポテトチップスは半分に割ります。
2 イチゴジャムと一緒に盛り合わせます。

ゆずタルト　あさつきフロマージュ

愛媛の幼なじみの菓子店のタルトを、都内で発見！
うれしくなって一品つくりました。

♥材料と分量

*タルト——1cm厚さ×2切れ
マスカルポーネチーズ——20g
アサツキ——4g

*愛媛銘菓。
小豆あんや白あんをスポンジ生地で巻いたお菓子。

♥つくり方

1　タルトを厚さ1cmに切ります。
2　マスカルポーネチーズを練り、小口切りのアサツキを混ぜます。
3　タルトに**2**を添えます。

オリーブの砂糖漬けブルーチーズはさみ

小豆島特産のオリーブの砂糖漬けを使いました。みた目も可愛らしくて、気に入っています。

♥材料と分量

オリーブ砂糖漬け（市販）――5粒
ブルーチーズ――3g

♥つくり方

1 オリーブ砂糖漬けに包丁で切りめを入れます。
2 薄切りにしたブルーチーズを適当な大きさにちぎって、オリーブ砂糖漬けにはさみます。

酒粕とあんこ焼き

気に入った酒粕とあんこがあると、結構幸せ。そんな想いが一皿に、きゅっと詰まりました。

♥材料と分量

粒あん――30g
グラハムクッキー――1枚
酒粕（板）――15g

♥つくり方

1 グラハムクッキーを6等分に割ります。
2 粒あんにグラハムクッキーを混ぜて、耐熱皿に盛ります。
3 ちぎった酒粕を上に散らし、180℃に熱したオーブンで10分焼きます。

醤油団子焼き

なんといっても、おこげが命！
祈るように焼きました。
ちょっと固くなったお団子でも大丈夫。

♥材料と分量

串団子（醤油焼き）——2串
ミックスチーズ
（シュレッドタイプ）
——30g

♥つくり方

1 串団子をオーブン皿に並べ、ミックスチーズをふります。
2 180℃に熱したオーブンで7分焼きます。チーズが溶けて、はじがかりっとしたらできあがりです。

あん団子焼き

あんことブルーチーズの組み合わせは、大好きです。
まさか焼かれるとは、思ってなかったよね。

♥材料と分量

串団子（粒あん）——2串
ブルーチーズ——10g
発酵バター（有塩）——10g

♥つくり方

1 串団子をオーブン皿に並べます。
2 上に薄切りの発酵バターをのせ、その上にブルーチーズをのせます。
3 180℃に熱したオーブンで7分焼きます。

生八橋と生ハムと千枚漬け

八橋と生ハム、八橋と千枚漬け、生ハムと千枚漬け、すべてが好相性の組み合わせです。

♥材料と分量

生八橋――4枚
生ハム（プロシュート）――適量
カブ千枚漬け――適量

♥つくり方

1 生ハムとカブ千枚漬けを、生八橋の大きさにそろえて切ります。
2 生八橋、生ハム、千枚漬け、の順に3段積み重ねます。
3 一番上に生八橋をのせ、少しおいて、なじませてから、3等分に切って盛りつけます。

生八橋と
レバペと白みそ

生八橋は、
意外に便利な食材なんですよ。
ニッキの香りはハムや肉類にぴったり。

♥材料と分量

生八橋――4枚
ビーフレバーペースト――5g×2個分
白みそ――5g×2個分
チョコシロップ――4g

♥つくり方

1 生八橋に、ビーフレバーペーストと白みそを、それぞれ2枚ずつぬります。

2 ふたつに折ってはさみ、チョコシロップをしぼり入れます。

プリンと塩うに

黄色くて卵の味の濃い
プリンがおすすめ。
塩うには、「練り」よりも「粒」で。
信じられないくらい合うのです。

♥材料と分量

プリン（市販）——30g
塩うに——5g

♥つくり方

1 プリンは冷しておいてください。
2 プリンをスプーンですくって
器に盛り、上に塩うにをのせます。

チェリーと生チョコパルメザン

上にかかっているの、
なんだかわかりますか？
実はパルミジャーノチーズです。
パウダーシュガーではありません。

♥材料と分量

生チョコレート——6個
マラスキーノチェリー——6粒
パルミジャーノチーズ——適量

♥つくり方

1 器の上に生チョコレートを並べます。上にマラスキーノチェリーを1粒ずつのせて、楊枝を刺してとめます。

2 すりおろしたパルミジャーノチーズを上からふりかけてできあがり。

ドライフルーツケーキのフレンチトースト

牛乳ではなくてヨーグルトを使いました。
ここだけの秘密ですが、
ヨーグルトのほうが絶対おすすめです。

♥材料と分量

ドライフルーツケーキ
——1cm厚さ×2切れ
卵——1個
ヨーグルト（加糖プレーン）
——大さじ1
オリーブ油——大さじ1
ロックフォールチーズ——20g

♥つくり方

1 卵を割って、ヨーグルトを入れてよく混ぜます。
2 ドライフルーツケーキを1に10分ひたします。
3 フライパンにオリーブ油をひいて熱し、ドライフルーツケーキを入れて、両面焼きます。
4 器に盛り、薄切りにしたロックフォールチーズをのせます。

カステララクレット

カステラのはじのほうが
きつね色になったら、
オーブンから出しましょう。
その頃には、ラクレットから、
ナッツの香りが漂っているはず。

♥材料と分量

カステラ——2cm厚さ×1切れ
ラクレットチーズ——20g

♥つくり方

1 カステラを角切りにします。
2 耐熱皿に並べて、きざんだラクレットチーズをふります。
3 180℃に熱したオーブンで10分焼きます。

♣第五章

パンとめんとピザ

ちょこっとおなかも満足したい。
パンを使ったつまみを中心に紹介します。

かまぼことようかんのサンドウィッチ

「シベリア」って知っていますか？
ようかんをカステラではさんだ菓子パンです。
ちょっとひねって、食パンでつくってみました。

♣材料と分量

食パン（10枚切り）——1枚
かまぼこ——3㎜厚さ×4切れ
塩ようかん——3㎜厚さ×4切れ

♣つくり方

1 かまぼこと塩ようかんは、厚さ3㎜くらいにスライスします。
2 食パンはトースターで焼いて、耳を切り落とし、8等分に切ります。
3 トーストした食パンでかまぼこと塩ようかんをはさみます。

酒粕とブルーチーズサンド

お好きな方は、酒粕をうんと増やしてください。
ブルーチーズがないときは、酒粕のみでも大丈夫。
臨機応変に。

♣材料と分量

*フィセル――3㎜厚さ×6枚
きび砂糖――大さじ1
ブルーチーズ――15g
酒粕（板）――15g

*バゲットより細いフランスパンのこと。
仏語でひもの意味。

♣つくり方

1 フィセルにきび砂糖をふって、180℃に熱したオーブンで5分焼きます。

2 冷めたら、薄切りのブルーチーズと酒粕をフィセルではさみます。

パン・コン・キウイ

トマトを使うパン・コン・トマテのキウイ版。
きっと流行ります。だってすごいんです、このお味。

♣材料と分量
ラスク――5枚
キウイ（完熟）――1個
ニンニク――1かけ

♣つくり方
1 ラスクの表面にニンニクの断面をこすりつけます。
2 キウイは皮をむいて、**1**の上にすりつけるようにしてぬります。

キムチラスク

かりっとしたラスクとキムチって、相性はぴったり。
いろいろなラスクで試してみてください。

♣材料と分量
ラスク――2枚
白菜キムチ――15g

♣つくり方
1 ラスクの上に、白菜キムチをのせます。
キムチが大きい場合は、きざんでのせましょう。

フレンチトーストのクロックムッシュ

朝からテーブルに並ぶとうれしいですよね。卵をたっぷり吸わせて焼きましょう。シャンパン？　それとも白ワイン？

♣材料と分量

フィセル――3㎜厚さ×4枚
卵――1個
クリームチーズ――10g
白みつ――小さじ1
生ハム（プロシュート）――4切れ

♣つくり方

1 割り落とした卵、クリームチーズ、白みつをよく混ぜてください。
2 フィセルを30分ほどひたします。
3 水分をたっぷり吸ったら、180℃に熱したオーブンで15分焼きます。
4 器に盛り、生ハムをのせます。

ハムカツジャムサンド

粒マスタードをぴりっと効かせたジャムを、ソースの代わりにぬって、パンではさみました。

♣**材料と分量**

食パン(10枚切り)——2枚
ハムカツ(市販)——1枚
粒マスタード——15g
ブルーベリージャム——15g
マスカルポーネチーズ——10g

♣**つくり方**

1 粒マスタードとブルーベリージャムを混ぜます。

2 食パンをトーストして、片面にマスカルポーネチーズをぬります。

3 マスカルポーネチーズの上にハムカツをのせます。その上に**1**のジャムをぬり、もう1枚の食パンを重ねます。

4 パンの耳を適宜切り落とし、食べやすいように6等分に切り分けます。

柿バーガー

ボリューム感のあるハンバーグと、ねっとりしたあんぽ柿の組み合わせ。両手でしっかり持って、かぶりついてください。

♣材料と分量

バンズ（バーガー用丸パン）——1個
あんぽ柿——1個
ハンバーグの種（市販）——1個（170g）
マスカルポーネチーズ——10g
フレンチマスタード——少量
クレソン——適量

♣つくり方

1 ハンバーグの種の形を整え、180℃に熱したオーブンで約20分焼きます。
2 バンズを横半分に切り、180℃に熱したオーブンで3分焼きます。
3 下のバンズにフレンチマスタードをぬります。
4 焼いたハンバーグ、あんぽ柿をバンズにのせます。
5 上のバンズにマスカルポーネチーズをぬって、はさみます。クレソンをたっぷり添えてください。

塩桜のチョコトースト

あえて、塩桜の塩分を使いました。
さっと塩抜きしてから盛りつけてもいいですよ。

かずのことチョコのクロワッサン

グレープフルーツと思いきや、なんとかずのこ。
これが、とろりと溶けたチョコによく合うんです。
本当ですよ！　ぜひ熱いうちに。

お漬けものと黒いちじくのクロワッサン

長野の友だちから届いた、
自家栽培野菜でつくった自家製高菜漬け。
クロワッサンにちょこんと、はさんでみました。

揚げめんジャム

皿うどんの揚げめんを使用。
スプーンの腹で一気につぶして、
ちまちまつまみましょう。

塩桜のチョコトースト

♣材料と分量

フィセル――1cm厚さ×4枚
ミルクチョコレート――4かけ
桜花塩漬け――4個

♣つくり方

1　フィセルを厚さ1cmに切って、軽くトーストします。
2　ミルクチョコレートを割ってのせ、桜花の塩漬けを添えます。

かずのことチョコのクロワッサン

♣材料と分量

ミニクロワッサン――2個
かずのこ（味つけ）――2腹
ミルクチョコレート――15g

♣つくり方

1　ミニクロワッサンに切りめを入れて、汁気をふいたかずのこ、半分に割ったミルクチョコレートをはさみます。
2　180℃に熱したオーブンで3分焼きます。

お漬けものと黒いちじくのクロワッサン

♣材料と分量

ミニクロワッサン――1個
高菜漬け――適量
干イチジク（黒）――1個

♣つくり方

1 高菜漬けは汁気をしぼって、細かくきざみます。
2 干イチジクはスライスします。
3 ミニクロワッサンに切りめを入れて、高菜漬けと干イチジクをはさみます。

揚げめんジャム

♣材料と分量

揚げめん（皿うどん）――8g
ブルーベリージャム――40g
ブルーチーズ――少量

♣つくり方

1 揚げめんを盛り、ブルーベリージャムをかけます。
2 薄く削ったブルーチーズを添えます。

金柑ピザ

粉からピザをつくるのは手間がかかります。
トルティーヤで代用しましょう。
ほんのりこげめがつくくらいに、
可愛らしく焼きあげてください。

ゴーヤのピザ

ほんのり苦みが残ったゴーヤに、
甘いハチミツがポイントです。

チョコミントピザ

チョコミントをピザにしました。
ブルーチーズはお好みのものを。
私はロックフォールを使いました。

金柑ピザ

♣材料と分量

*フラワートルティーヤ（冷凍）——1枚
キンカン——3個
オリーブ油——小さじ1
ロックフォールチーズ——20g
きび砂糖——小さじ2

＊小麦粉でつくったトルティーヤ。
ちなみにコーントルティーヤはトウモロコシ粉でつくったもの。

♣つくり方

1 フラワートルティーヤは冷凍のままで使用します。表面にオリーブ油をぬって、ロックフォールチーズを切って散らします。

2 種を抜いて、薄切りにしたキンカンをのせて、きび砂糖を全体にふります。

3 １８０℃に熱したオーブンで13分焼いて、あつあつを供します。

ゴーヤのピザ

♣材料と分量

フラワートルティーヤ（冷凍）——1枚
ゴーヤ（薄い半月切り）——8枚
オリーブ油——小さじ1
マスカルポーネチーズ——20g
ハチミツ——大さじ1

♣つくり方

1 フラワートルティーヤは冷凍のままで使用します。表面にオリーブ油をかけて、上にマスカルポーネチーズをぬります。

2 ごく薄い半月に切ったゴーヤをのせます。

3 １８０℃に熱したオーブンで10分焼いて取り出し、ハチミツを全体にたらして、あつあつを供します。

チョコミントピザ

♣材料と分量

フラワートルティーヤ（冷凍）——1枚
ロックフォールチーズ——20g
ミルクチョコレート——15g
ミントの葉——適量

♣つくり方

1 フラワートルティーヤは冷凍のまま、１８０℃に熱したオーブンで10分焼きます。

2 素焼きにしたトルティーヤの上に、ちぎったロックフォールチーズ、削ったミルクチョコレートを散らして１８０℃に熱したオーブンで1分焼きます。

3 チョコがやわらかくなる程度でＯＫです。取り出してミントの葉を散らします。

♠第六章

肉と魚介と卵

やっぱり肉が好き。
肉だって甘い味が合うんです。

金柑スペアリブ

ちょっと甘いスペアリブ。
キンカンの甘酸っぱい香りが、
食欲を刺激します。

牛たたき　フィグとクレソン

市販の牛たたきでつくりました。
お好みで、黒コショウや
黒七味をふってはいかがですか？

鶏唐マリネ

鶏の唐揚げを南蛮風にしました。
酢の代わりに、粒マスタードとブラックベリーの酸味で
まとめてみました。

いかだフィグジャム

肉とジャムはよい関係です。
やきとりは市販もよし、
串を打って焼くもよしです。

金柑スペアリブ

♠材料と分量

豚スペアリブ――3本
塩――小さじ2
醤油――小さじ1
ハチミツ――大さじ1
キンカン――1個
オリーブ油――小さじ2

♠つくり方

1 キンカンは種を取り除いて、薄い輪切りにします。
2 豚スペアリブに、塩、醤油、ハチミツを順にぬりこみます。
3 キンカンとオリーブ油を混ぜて豚スペアリブにからめ、1時間おきます。
4 180℃のオーブンで20分焼いてできあがりです。キンカンも一緒に盛りつけてください。

牛たたき　フィグとクレソン

♠材料と分量

牛たたき（市販）――5㎜厚さ×1枚
イチジクジャム――10g
クレソン――1枝

♠つくり方

1　牛たたきは厚さ5㎜に切ります。
2　牛たたきの上に、イチジクジャム（イチジク1個分）と、クレソンをのせて巻きます。

鶏唐マリネ

♠材料と分量

鶏唐揚げ（市販）――3個
粒マスタード――大さじ1
白みつ――小さじ1
ブラックベリー――1粒

♠つくり方

1　粒マスタード、白みつ、きざんだブラックベリーを混ぜます。
2　鶏唐揚げを180℃に熱したオーブンに10分入れて、温めます。
3　あつあつの鶏唐揚げに**1**をまぶします。熱いうちにすぐに食べてください。

いかだフィグジャム

♠材料と分量

鶏手羽のやきとり（市販）――1本
イチジクジャム――5g

♠つくり方

1　鶏手羽のやきとりの上に、イチジクジャムをぬります。
2　180℃に熱したオーブンで10分焼いて温めます。

なんこつマーマレード

マーマレードは、
国産のほうが甘さがやわらかいので、
調理向きだと思います。

甘栗とサラミ

肉に栗のつけ合わせが添えられるように、
両者の相性は抜群です。
手軽にサラミと甘栗で好相性のつまみをつくりました。

焼きベーコンとダブルピーナッツ

ベーコンはかりかりになるまで焼きましょう！
これに尽きます。
甘党の方は、たっぷりピーナッツバターをぬりましょう。

HOTベーコンとアーモンドと杏仁豆腐

あつあつのベーコンの上に杏仁豆腐をかけると、
ゆっくり溶け出します。
アーモンドも一緒にからめてください。

なんこつマーマレード

♠材料と分量

鶏なんこつのやきとり（市販）――2本

マーマレード――10g

♠つくり方

1 鶏なんこつのやきとりの上に、マーマレードをぬります。

2 180℃に熱したオーブンで10分焼いて温めます。

甘栗とサラミ

♠材料と分量

甘栗――8～9個

サラミソーセージ（細・長さ6㎝）――1本

白みそ――小さじ1

♠つくり方

1 甘栗の殻をむきます。

2 サラミソーセージを6等分に切ります。

3 甘栗とサラミに白みそをからめます。

焼きベーコンとダブルピーナッツ

♠材料と分量

ベーコン（スライス）――１枚
ピーナッツバター（加糖）――適量
ピーナッツ――３～５粒

♠つくり方

1 ベーコンをクッキングシートの上にのせます。
2 上にピーナッツバターをぬります。
3 ピーナッツを粗くくだいて、散らします。
4 １８０℃に熱したオーブンで10分焼きます。

ＨＯＴベーコンとアーモンドと杏仁豆腐

♠材料と分量

ベーコン（塊）――50ｇ
アーモンド　15ｇ
杏仁豆腐（市販）――30ｇ

♠つくり方

1 ベーコンを１㎝角に切ります。
2 耐熱皿にベーコンとアーモンドを入れます。
１８０℃に熱したオーブンで10分焼きます。
3 杏仁豆腐をスプーンですくってのせます。

フィグポート煮とブロックベーコン

小さくて色の黒いイチジクを、ことことベーコンと一緒に煮ました。召し上がるときは、ベーコンを小さく切ってください。

♠材料と分量

ベーコン（塊）——１００g
干イチジク（黒）——１２０g
ポート酒（ルビー）——60cc
水——１００cc
黒コショウ（ホール）——小さじ1

♠つくり方

1 鍋に水とポート酒を注ぎ、干イチジク、ベーコン、黒コショウを入れて弱火で20分煮ます。

2 イチジクがやわらかく煮えたらできあがりです。

焼き栗きんとんと焼きベーコン

栗きんとんは焼くと、ほこほこ、ほくほく。
なにしろ栗とお芋さんですから。
ベーコンの塩味が効いて、つまみに変身!

♠材料と分量

栗きんとん――35g
ベーコン(スライス)――15g

♠つくり方

1 ベーコンは1㎝角の色紙切りにします。
2 耐熱皿に栗きんとんを盛り、
ベーコンを散らします。
3 180℃に熱したオーブンで10分焼きます。
あつあつを食べてください。

栗きんとんとレバペの最中

レバーペーストにつけた愛称は、レバペ。
このレバペ、冷蔵庫に入っているだけで安心。
ほんと、重宝します。

♠材料と分量

栗きんとん——30g
ビーフレバーペースト——8g
マスカルポーネチーズ——8g
最中の皮
（直径6・5cm）——2枚

♠つくり方

1 ビーフレバーペーストとマスカルポーネチーズをよく混ぜます。
2 1枚の最中の皮にぬります。もう1枚の最中の皮に栗きんとんを盛ります。
3 食べるときは2枚を合わせます。

レバーペーストと栗きんとんのタルト

小さなタルトカップをみつけたので、レバペと栗きんとんを盛りました。黒コショウをかりかりっと挽きましょう。

♠材料と分量

栗きんとん——15g
ビーフレバーペースト——10g
タルトカップ
(直径4・5cm)——1個
黒コショウ——少量

♠つくり方

1 タルトカップに栗きんとんとビーフレバーペーストを盛り合わせます。
2 挽きたての黒コショウをふって食べてください。

レバーペーストとドライフルーツの最中

ブルーベリーとクランベリー。
ふたつのベリーを最中の皮ではさみました。
思いのほか、さっぱりしています。

♠材料と分量

ビーフレバーペースト――5g
白みそ――5g
マスカルポーネチーズ――1g
ドライクランベリー――7g
ドライワイルドブルーベリー――3g
最中の皮（直径6・5cm）――2枚

♠つくり方

1 ビーフレバーペースト、白みそと
マスカルポーネチーズをよく混ぜ合わせます。
2 ドライクランベリーは粗めにきざみます。
3 最中の皮に1をぬって、ドライクランベリーと
ドライワイルドブルーベリーをのせます。
4 もう1枚の皮を添え、はさんで食べてください。

ティラミスとレバーペースト

なぜかティラミスが好き。
なぜかレバーペーストが好き。
だからこのふたつを組み合わせました。

♠材料と分量
ティラミス（市販）――30g
ビーフレバーペースト――10g

♠つくり方
1 ティラミスをスプーンですくって皿に盛ります。
2 ビーフレバーペーストをスプーンですくって、添えます。一緒に食べてください。

レバミス

自慢のレバペスイーツのひとつ。
けっしてかくれてなんていないけど、
レバペも白みそもチョコも、
それぞれのかくし味です。

♠材料と分量

ビーフレバーペースト——8g
白みそ——8g
最中の皮（直径6・5cm）——1枚
ココアパウダー（無糖）——少量
チョコシロップ——適量

♠つくり方

1 ビーフレバーペーストと白みそをよく混ぜます。
2 最中の皮に1をぬります。
3 上からチョコシロップをかけます。ココアパウダーを茶こしでまんべんなくふります。

レバペのグミ焼き

とろーりとグミが熱いうちにどうぞ。
レバーペーストとベリーの味が絶妙です。

♠材料と分量

ビーフレバーペースト――20g
グミ（ブラックカラント味）――7粒
スコーン（プレーン）――2個

♠つくり方

1 ビーフレバーペーストをスフレ用の耐熱容器に詰めます。
2 上にブラックカラントのグミを並べます。
3 180℃に熱したオーブンで15分焼きます。グミがやわらかく溶けた状態が目安です。
4 スコーンを添えて、あつあつを。

いりこに黒みつ

ごまめのつまみです。
イリコにさっと黒みつをからめてください。
結構、男前でしょ？

♠材料と分量
イリコ――3g
黒みつ――小さじ1

♠つくり方
1 イリコに黒みつを混ぜて器に盛ります。黒みつは多すぎないように注意してください。

スモークサーモンと豆きんとん

豆の白色とサーモンの赤色で、
おめでたい紅白にしました。
お節料理にも使えそう。
最中の皮も、ご一緒に。

♠材料と分量
スモークサーモン――25g
豆きんとん（白インゲン豆）――15g
最中の皮（直径9㎝）――1枚

♠つくり方
1 スモークサーモンは、小角に切ります。
2 豆きんとんとスモークサーモンを混ぜます。
3 最中の皮に盛って供します。

スモークサーモンと水きりヨーグルト

水気をきったヨーグルトは、クリームチーズ感覚で使えます。グラスに盛っても、可愛らしくみえます。

♠材料と分量

スモークサーモン――40g
ヨーグルト
（加糖プレーン）――30g
メープルシロップ――5g

♠つくり方

1 ヨーグルトはキッチンペーパーをしいたザルに入れて、水きりをします。
2 スモークサーモンは、小角に切ります。
3 ヨーグルトとスモークサーモンを混ぜて、器に盛ります。
4 上から、メープルシロップをかけます。

エビとキウイのチリソース

エビとキウイを、こぶりに可愛らしく盛りつけました。
キウイ、エビ、キウイ、エビと刺してください。

♠材料と分量

むきエビ――4尾
キウイ（完熟）――¼個
スイートチリソース――大さじ1

♠つくり方

1 むきエビは熱湯でさっとゆでます。

2 キウイは皮をむいて、4等分の輪切りにします。1枚をさらに4等分にしてください。

3 楊枝にキウイ、エビ、キウイ、エビの順に刺して、器に盛りつけます。

4 スイートチリソースをかけます。

ベーコンオムレツと生姜ジャム

ベーコンを縦に細長く裂いてみました。
これだけで全然食感が違います。お試しを。

♠材料と分量

卵——3個
ベーコン（スライス）——2枚
オリーブ油——大さじ1
塩、コショウ——各適量
生姜ジャム——20g

♠つくり方

1 卵を溶きほぐし、塩、コショウで味をつけ、縦に裂いたベーコンを混ぜます。
2 フライパンにオリーブ油をひいて、火にかけます。あまり油が熱くなりすぎないうちに、**1**を流し入れます。火加減は中火程度で。
3 まわりがかたまってきたら、箸で混ぜます。
4 火の通り加減の頃合をみて、フライパンのカーブを利用して形を整えます。
5 器に盛り、上にたっぷり生姜ジャムをのせます。

ブルーチーズとシリアルの玉子ココット

休日のちょっと遅めのブランチにもいかがですか？
卵を割って、ちょっちょっちょ、ぱっぱっぱ。
あとは、オーブン。

♠材料と分量

卵――1個
シリアル（グラノーラ）――10g
ブルーチーズ――10g
ドライワイルドブルーベリー――5g

♠つくり方

1 ココット型に卵を割り落とし、シリアルをのせます。

2 薄く削ったブルーチーズとドライワイルドブルーベリーをのせて、180℃に熱したオーブンで10分焼きます。

本書で使用した食材

本書で使用した食材のメーカー、問い合わせ先を記載いたしました。なお、お問い合わせのさいは、
おかけ間違えのないようお願いいたします。

本書中の材料名（正式商品名）／製造メーカー・ブランド名、あるいは取扱商社、販売店／問い合わせ先住所／電話番号の順。

[みそ・調味料]
- 白みそ／郡司味噌漬物店／東京都台東区鳥越 1-14-2 ／☎ 03-3851-1783
- 調味料全般／北島商店／東京都中央区築地 4-10-15 ／☎ 03-3541-6605

[漬物]
- わさび漬け／築地中川屋／東京都中央区築地 4-8-5 ／☎ 03-3541-6955
- カブ千枚漬け／築地中川屋／東京都中央区築地 4-8-5 ／☎ 03-3541-6955
- べったら漬け／築地中川屋／東京都中央区築地 4-8-5 ／☎ 03-3541-6955

[ジャム]
- イチゴジャム／ボンヌママ、アルカン／東京都中央区日本橋蛎殻町 1-5-6 ／☎ 03-3664-6551（代）
- イチジクジャム／ボンヌママ、アルカン／東京都中央区日本橋蛎殻町 1-5-6 ／☎ 03-3664-6551（代）
- ブルーベリージャム／ボンヌママ、アルカン／東京都中央区日本橋蛎殻町 1-5-6 ／
  ☎ 03-3664-6551（代）

[バター・ペースト]
- 発酵バター／エシレ酪農協同組合／成城石井成城店／東京都世田谷区成城 6-11-4 ／
  ☎ 03-3482-0111
- ビーフレバーペースト／明治屋／東京都中央区京橋 2-2-8 ／☎ 0120-565-580

[お菓子・その他]
- オリーブ砂糖漬け（オリーブグラッセ）／東洋オリーブ／香川県小豆郡小豆島町池田 984-5 ／
  ☎ 0120-750-271
- 辛子レンコンチップ（辛子れんこん）／壮関／栃木県矢板市こぶし台 4-1 ／☎ 0120-666-335
- 塩うに（特選塩うに）／中屋うに本舗／山口県長門市油谷新別名 732-7 ／☎ 0837-32-1394
- ミックスナッツ／築地いなば屋／東京都中央区築地 4-10-11 ／☎ 03-3541-8646
- ドライイチジク／築地いなば屋／東京都中央区築地 4-10-11 ／☎ 03-3541-8646
- ミルクチョコレート（カフェタッセ）／成城石井成城店／東京都世田谷区成城 6-11-4 ／
  ☎ 03-3482-0111
- カラメルビスケット（スナックカラメルビスケット）／ロータス（ベルギー）／成城石井成城店／
  東京都世田谷区成城 6-11-4 ／☎ 03-3482-0111
- タルト（愛南ゴールドタルト）／梶原製菓／愛媛県南宇和郡愛南町城辺甲 2671 ／☎ 0895-72-0372
- ラスク、パン類／B・パレット／東京都中央区月島 1-1-9 ／☎ 03-3532-7400
- 野菜、果物／定松晴海通り本店／東京都中央区築地 4-7-4 ／☎ 03-3544-0810

●著者紹介

間口一就（まぐち・かずなり）

銀座「ロックフィッシュ」店主。

愛媛生まれ。乙女座の０型。

大学時代から、大阪の「サンボア」で働き、北浜（大阪）で「ロックフィッシュ」を立ち上げる。2002年バーの聖地銀座（東京）に出店する。

「ロックフィッシュ」の看板商品はハイボール。「つくろう、ハイボールブーム」をスローガンに、日々、身を粉にする。

同店の個性的なつまみのメニューも魅力。開店15時を待ちロックフィッシュに飛び込む常連さんも多い。

酒に合うつまみづくりが趣味という。

おもな著書は『バーの主人がこっそり教える味なつまみ』。

そのほか、新聞雑誌などで活躍中。

ロックフィッシュ
東京都中央区銀座7-2-14ポールスタービル2階
☎ 03-5537-6900
営業時間　15:00 〜 23:00

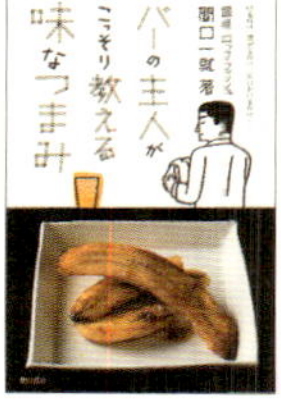

間口一就の本

バーの主人がこっそり教える味なつまみ

A5変判・136頁／定価：本体1700円＋税　ISBN978-4-388-06057-3

バーの店主であり、バーテンダーの間口一就氏が手狭な厨房でも手軽にできる酒肴170品を紹介。巷にあまたあるつまみ本とは一線を画する酒肴の数々は、酒好き、料理好きの心をくすぐる品ばかり。思いがけない素材の組み合わせや、はじめての味に出会える。つくってもよし、見るだけでもよしの楽しいつまみ本。

OLD CROW
イタリ
洋酒
私の
KINGSLEY AMIS
魚と貝の四季
DISCOVER JAPAN
蒸気機関車の旅
マティーニを探偵する
おいしい日常

バーの主人がこっそり教える甘いつまみ

初版印刷　２０１０年４月15日
初版発行　２０１０年４月30日

著者©　間口一就（まぐち・かずなり）

発行者　土肥大介
発行所　株式会社柴田書店
東京都文京区湯島３－26－９イヤサカビル　〒１１３－８４７７
電話　営業部　０３－５８１６－８２８２（問合せ）
書籍編集部　０３－５８１６－８２６０
ＵＲＬ　http://www.shibatashoten.co.jp

印刷　日本写真印刷株式会社
製本　株式会社常川製本

ISBN978-4-388-06076-4　Printed in Japan